EMG3-0180　STANDARD CHORUS PIECE
合唱楽譜＜スタンダード＞

合唱で歌いたい！スタンダードコーラスピース
混声3部合唱

桜の下で

作詞・作曲：若松 歓

••• 曲目解説 •••

　この曲は、儚くも風に吹かれて散っていく桜と、人生を重ねて自分を振り返る機会にしたいという思いで作られたそうです。全体を通して、桜がひらひらと舞い散るようなピアノがとても印象的で味わい深い作品です。ちょっぴり寂しいメロディーの後に続く力強い意志を感じる歌詞とメロディーに、気持ちをぎゅっと絞り込むように歌い上げることができる、表情豊かな魅力あふれる楽曲です。

【この楽譜は、旧商品『桜の下で（混声3部合唱）』（品番：EME-C3082）と内容に変更はありません。】

合唱で歌いたい！スタンダードコーラス

桜の下で

作詞・作曲：若松 歓

© 2006 by KYOGEI Music Publishers.

MEMO

桜の下で

作詞:若松 歓

出会えた時の桜の下で
君の瞳(ひとみ)がまぶしそうに揺(ゆ)れている

明日(あした)を夢みたり　語り合ってきたけれど
いつの間にか言葉をなくしてしまっていた日々

―こんなに　近くにいたけれど

君の痛みも　君の叫(さけ)びも
僕(ぼく)は　僕(ぼく)は　気づかずに

どんなに前を向いていたって
つらい事　悲しい事　あるけれど
君の涙(なみだ)　受けとめて
微笑(ほほえ)んでいられる様に
強く　優しく　大きくなりたい

どんなに前を向いていたって
つらい事　悲しい事　あるけれど
君の涙(なみだ)　受けとめて
微笑(ほほえ)んでもらえる様に
強く　優しく　大きくなりたい

この桜の様に―

MEMO

MEMO

エレヴァートミュージックエンターテイメントはウィンズスコアが
展開する「合唱楽譜・器楽系楽譜」を中心とした専門レーベルです。

ご注文について

エレヴァートミュージックエンターテイメントの商品は全国の楽器店、ならびに書店にてお求めになれますが、店頭でのご購入が困難な場合、当社PC＆モバイルサイト・電話からのご注文で、直接ご購入が可能です。

◎当社PCサイトでのご注文方法

http://elevato-music.com

上記のアドレスへアクセスし、WEBショップにてご注文ください。

◎お電話でのご注文方法

TEL.0120-713-771

営業時間内に電話いただければ、電話にてご注文を承ります。

◎モバイルサイトでのご注文方法

右のQRコードを読み取ってアクセスいただくか、
URLを直接ご入力ください。

※この出版物の全部または一部を権利者に無断で複製（コピー）することは、著作権の侵害にあたり、著作権法により罰せられます。

※造本には十分注意しておりますが、万一、落丁・乱丁などの不良品がありましたらお取り替えいたします。また、ご意見・ご感想もホームページより受け付けておりますので、お気軽にお問い合わせください。